Cuisine et Vins de France

Brochettes et accompagnements

40 recettes barbecue

Éditions marie claire

Sommaire

Brochettes de crevettes à la thaïlandaise

FACILE ET ABORDABLE

Préparation : 20 min | Cuisson : 6 min

1 Retirez les feuilles extérieures des bulbes de citronnelle et réservez-les. Coupez le cœur des bulbes en fines rondelles et mettez-les dans un saladier. Lavez et séchez 1 citron, râpez son zeste au-dessus de la citronnelle. Pressez le fruit, filtrez le jus et versez-le aussi dans le saladier. Ajoutez l'huile, le piment lavé et émincé très finement, le gingembre pelé et râpé puis mélangez.

2 Décortiquez les crevettes, ôtez les têtes mais laissez les queues. Mettez-les dans le saladier. Mélangez et laissez mariner.

3 Préparez la salade : lavez, épongez et coupez les légumes en fines lamelles (ne pelez pas le concombre). Pelez et émincez finement les oignons. Dans un saladier, versez l'huile de sésame, la sauce soja, salez et poivrez, émulsionnez à la fourchette. Ajoutez les légumes et les oignons. Mélangez.

4 Lavez, séchez et coupez en deux les feuilles de citronnelle réservées, entourez-en chaque crevette et fixez avec une pique en bois. Parsemez de graines de sésame et faites cuire au barbecue 6 min environ, en les retournant à mi-cuisson. Servez avec la salade de légumes et des tranches du citron vert restant.

INGRÉDIENTS POUR 6 PERSONNES

18 grosses crevettes roses | 4 brins de citronnelle | 1 petit piment | 2 citrons verts bio | 30 g de gingembre frais | 2 cuil. à soupe d'huile d'arachide | 1 cuil. à soupe de sésame doré | Pour la salade : 2 petits concombres | 10 radis roses | 10 petites tomates | 2 petits oignons frais | 2 cuil. à soupe de sauce soja | 2 cuil. à soupe d'huile de sésame | sel | poivre

LE BON ACCORD VIN

Un côtes-du-roussillon blanc

Brochettes de saumon au lard

FACILE ET ABORDABLE

Préparation : 40 min | Cuisson : 15 min

1 Lavez puis séchez le persil. Prélevez-en 10 brins, ciselez les feuilles avec la ciboulette. Détaillez le poisson en cubes de 2 cm de côté, afin d'obtenir au moins 32 morceaux. Coupez les tranches de poitrine fumée en deux.

2 Saupoudrez le saumon d'herbes mélangées puis emballez chaque cube dans un morceau de lard. Préparez 8 brochettes avec 4 morceaux de saumon sur chacune et réservez au frais.

3 Lavez les courgettes puis épongez-les. Coupez-les en rondelles de 1 cm d'épaisseur. Faites-les dorer à l'huile dans une sauteuse, sur feu vif, en remuant sans cesse. Salez et poivrez. Baissez le feu et laissez mijoter 10 min.

4 Pendant ce temps, pelez et hachez l'ail, ciselez le reste de persil. Mélangez-les. Posez les brochettes au-dessus des braises d'un barbecue, et faites-les cuire en les retournant souvent, 8 à 10 min (le lard doit être grillé).

5 Servez aussitôt, accompagné des courgettes parsemées, au dernier moment, du mélange ail et persil.

INGRÉDIENTS POUR 8 PERSONNES

1 kg de filet de saumon (sans la peau) | 16 très fines tranches de poitrine fumée | 1 kg de petites courgettes | 4 gousses d'ail | 1 bouquet de persil plat | 8 brins de ciboulette | 10 cl d'huile d'olive | sel | poivre du moulin

LE BON ACCORD VIN

Un limoux blanc (vin du Languedoc)

Brochettes de gambas au melon vert

FACILE ET ABORDABLE

Préparation : 20 min | Marinade : 30 min | Cuisson : 6 min

1 Décortiquez les gambas en gardant la queue. Frottez les citrons sous l'eau et épongez-les. Coupez 3 citrons en rondelles très fines (vous devez ainsi obtenir 18 rondelles).

2 Pressez les 3 autres citrons. Dans un saladier, mélangez leur jus avec 5 cuillerées à soupe d'huile d'olive, une pincée de piment de Cayenne. Introduisez les gambas et remuez jusqu'à ce qu'elles soient bien enrobées du mélange. Placez le saladier au réfrigérateur et laissez-les mariner 30 min au moins.

3 Coupez le melon en tranches épaisses puis détaillez-le en gros cubes. Égouttez les gambas (réservez la marinade), enfilez-les sur de longues brochettes métalliques, en les alternant avec les morceaux de melon et des rondelles de citron. Posez-les sur la grille du barbecue et faites-les cuire environ 3 min de chaque côté. Quand les gambas sont roses, retirez les brochettes, posez-les sur un plat et arrosez-les de marinade réservée.

LE CONSEIL DE CVF

Pour encore plus de saveur, saupoudrez généreusement les brochettes de ciboulette.

INGRÉDIENTS POUR 6 PERSONNES

700 g de petites gambas | 1 melon vert de 1 kg | 6 petits citrons verts | 5 cuil. à soupe d'huile d'olive | piment de Cayenne en poudre

LE BON ACCORD VIN

Un muscadet-sèvre-et-maine sur lie

Brochettes de gambas

FACILE ET ABORDABLE

Préparation : 15 min | Marinade : 20 min | Cuisson : 40 min

1 Préparez le barbecue. Portez à ébullition une grande quantité d'eau salée, faites-y cuire le riz 20 min. Égouttez-le et réservez-le au chaud.

2 Décortiquez les gambas en gardant la queue. Pressez le citron. Versez son jus dans un saladier avec le miel et la coriandre finement ciselée, remuez. Poivrez, ajoutez les gambas et mélangez pour les enrober de marinade. Réservez-les au frais 20 min.

3 Coupez les tranches de lard en deux. Enroulez chaque gambas dans une demi-tranche de lard et enfilez-les sur des brochettes en métal ou en bois (dans ce cas, faites-les d'abord tremper 1 h dans de l'eau pour leur éviter de noircir à la cuisson).

4 Pelez et émincez les oignons. Lavez les poivrons, coupez-les et débarrassez-les de leurs pépins et de leurs filaments blancs. Débitez-les en tout petits dés. Mettez l'huile à chauffer dans une sauteuse et faites-y revenir les oignons avec les poivrons, jusqu'à ce qu'ils soient tendres (comptez 10 min). Ajoutez le riz, et laissez réchauffer sur feu doux en remuant souvent.

5 Faites cuire les brochettes au barbecue, environ 3 min de chaque côté. Servez aussitôt avec le riz bien chaud.

INGRÉDIENTS POUR 6 PERSONNES

24 gambas | 12 très fines tranches de lard | 500 g de riz basmati | 1 poivron vert | 1 poivron rouge | 1 botte d'oignons frais | 1 citron | 1 cuil. à soupe de miel liquide | 6 brins de coriandre | 4 cuil. à soupe d'huile d'olive | sel | poivre du moulin

LE BON ACCORD VIN

Un cour-cheverny (vin blanc de la vallée de la Loire)

Brochettes de thon mariné

FACILE ET ABORDABLE

Préparation : 15 min | Marinade : 30 min | Cuisson : 10 min

1 Préparez la marinade : pelez les tomates, épépinez-les, puis hachez la pulpe. Pelez et hachez l'ail. Lavez, séchez et ciselez le persil. Lavez le citron et râpez son zeste. Pressez le fruit. Dans une jatte, mélangez la pulpe de tomates, l'ail, 2 pincées de piment, la crème d'anchois et le persil. Ajoutez le zeste de citron et 1 cuillerée à soupe de jus. Remuez bien.

2 Détaillez le thon en cubes de 2 à 3 cm de côté, ajoutez-les dans la jatte, mélangez et laissez mariner 30 min au frais.

3 Pendant ce temps, préparez l'accompagnement : pelez et épépinez les tomates, hachez grossièrement la pulpe et mettez-la dans un saladier. Pelez et émincez finement les oignons, ajoutez-les dans le saladier avec les tomates séchées, coupées en lanières, les fines herbes ciselées, les câpres et l'huile. Salez légèrement, mélangez et réservez.

4 Enfilez les morceaux de thon égouttés sur 6 branches de laurier (à défaut, des piques en bois), en glissant 2 gousses d'ail sur chaque brochette. Posez-les sur le barbecue et laissez-les cuire 10 min en les retournant à mi-cuisson. Servez aussitôt, accompagné de la purée de tomate.

LE CONSEIL DE CVF

Vous pouvez également préparer ces brochettes avec des morceaux de morue dessalée que vous ferez mariner de la même manière.

INGRÉDIENTS POUR 6 PERSONNES

600 g de thon sans peau ni arêtes | 12 gousses d'ail | Pour la marinade : 2 tomates | 1 citron bio | 2 gousses d'ail | 4 brins de persil | piment d'Espelette en poudre | 1 cuil. à soupe de crème d'anchois | Pour accompagner : 300 g de tomates | 6 tomates séchées à l'huile | 2 oignons blancs | 6 brins de persil | 6 brins de coriandre | 2 cuil. à soupe de câpres | 10 cl d'huile d'olive | sel

LE BON ACCORD VIN

Un graves blanc (Bordeaux)

Brochettes de poulet teryaki

FACILE ET BON MARCHÉ

Préparation : 10 min | Marinade : 1 h | Cuisson : 10 min

1 Faites tremper des brochettes en bois dans de l'eau 1 h (pour qu'elles ne brûlent pas à la cuisson). Coupez les escalopes de poulet en lanières. Pelez et hachez l'ail. Pressez le citron.

2 Mélangez dans un saladier, le poulet, l'ail, l'huile, le jus de citron, la sauce teryaki, du sel et du poivre. Laissez mariner au moins 1 h au frais. Préparez le barbecue.

3 Égouttez les lamelles de poulet, glissez-les sur les brochettes de bois. Posez-les sur la grille du barbecue et faites-les cuire durant 7 min environ, en les retournant plusieurs fois.

4 Saupoudrez les brochettes de volaille cuites de graines de sésame et servez aussitôt. Accompagnez éventuellement de pommes de terre grenailles cuites avec leur peau à l'étouffée dans une cocotte, avec un peu d'huile d'olive et des feuilles de laurier.

LES CONSEILS DE CVF

Vous pouvez aussi faire cuire les brochettes dans une grande poêle, avec 3 cuillerées à soupe d'huile, sur feu vif. Remuez-les régulièrement jusqu'à ce qu'elles caramélisent légèrement. Ces brochettes se dégustent également froides, à température ambiante.

INGRÉDIENTS POUR 6 PERSONNES

500 g d'escalopes de poulet | 20 cl de sauce teryaki (en bouteille, type Kikkoman) | 1 citron | 2 gousses d'ail | 3 cuil. à soupe d'huile | 3 cuil. à soupe de graines de sésame | sel | poivre

LE BON ACCORD VIN

Un saint-romain (vin blanc de Bourgogne)

Brochettes de poulet tandoori

FACILE ET BON MARCHÉ

Préparation : 30 min | Marinade : 30 min | Cuisson : 20 min

1 Lavez les aubergines, retirez les extrémités puis coupez-les en tranches de 1 cm dans la longueur, saupoudrez-les de sel fin et laissez-les dégorger dans une passoire à pieds.

2 Pendant ce temps, emballez hermétiquement chaque blanc de poulet dans du film alimentaire, en serrant bien pour former des rouleaux. Plongez-les 10 min dans de l'eau bouillante, puis laissez-les refroidir dans l'eau, hors du feu. Ensuite, déballez les rouleaux et coupez-les en tranches.

3 Pressez les citrons. Versez leur jus dans une jatte, ajoutez les yaourts, la moitié de l'huile et la poudre tandoori. Salez et poivrez, mélangez bien. Introduisez les morceaux de poulet, remuez et laissez mariner au frais durant 30 min.

4 Égouttez les morceaux de poulet mariné, puis glissez-les sur des brochettes. Épongez les aubergines dans du papier absorbant et badigeonnez-les d'huile des deux côtés. Posez-les avec les brochettes sur la grille du barbecue (ou sur un gril en fonte) et faites-les cuire 10 min environ, en les retournant souvent. Salez et poivrez les aubergines et servez-les avec les brochettes.

INGRÉDIENTS POUR 8 PERSONNES

8 blancs de poulet | 8 petites aubergines | 4 cuil. à soupe de poudre tandoori (dans les rayons exotiques des supermarchés) | 3 citrons | 2 yaourts brassés nature | 8 cuil. à soupe d'huile d'olive | sel | poivre

LE BON ACCORD VIN

Un riesling (vin blanc d'Alsace)

Magrets de canard et grenailles en brochettes

FACILE ET ABORDABLE

Préparation : 20 min | Cuisson : 20 min

1 Préparez le barbecue. Faites cuire les pommes de terre dans de l'eau bouillante salée durant 10 min. Dans le même temps, préparez la sauce en mélangeant le miel avec la Worcestershire sauce, l'huile, du sel et du poivre.

2 Quadrillez le gras des magrets avec un couteau. Coupez-les en deux dans le sens de la longueur et roulez-les dans la sauce. Pour qu'ils soient bien maintenus, enfilez-les sur deux brochettes en métal (si vous utilisez des brochettes en bois, faites-les tremper 1 h dans de l'eau, pour qu'elles ne noircissent pas à la cuisson).

3 Égouttez les grenailles. Pelez les oignons, coupez-les en deux ou en quatre, selon leur grosseur. Enfilez-les sur des brochettes, en les intercalant avec les pommes de terre. Salez et poivrez.

4 Faites cuire les brochettes de viande et de pommes de terre au barbecue durant 10 min, en les retournant souvent et en les badigeonnant de temps en temps du reste de sauce au miel. Servez aussitôt.

INGRÉDIENTS POUR 6 PERSONNES

3 magrets de canard | 600 g de petites pommes de terre à chair ferme (grenailles) | 2 bottes d'oignons frais | 2 cuil. à soupe de miel liquide | 1 cuil. à soupe de Worcestershire sauce | 2 cuil. à soupe d'huile d'olive | sel | poivre

LE BON ACCORD VIN

Un côte-rôtie (vin rouge de la vallée du Rhône)

Travers de porc caramélisés et patates douces

FACILE ET BON MARCHÉ

Préparation : 20 min | Marinade : 30 min | Cuisson : 1 h 50

1 Plongez les travers de porc dans un faitout d'eau bouillante poivrée, ajoutez le bouquet garni et laissez frémir 1 h 30.

2 Pendant ce temps, faites cuire les patates douces à l'eau frémissante salée 35 à 40 min, jusqu'à ce qu'elles soient tendres.

3 Préparez la marinade : pressez le citron, versez son jus dans un bol, ajoutez la sauce soja, le paprika, le miel, les 3 cuillerées à soupe d'huile et un peu de poivre. Émulsionnez et réservez.

4 Préparez le barbecue. Égouttez les patates douces, enveloppez-les dans des feuilles de papier aluminium pour confectionner des papillotes et réservez-les. Égouttez les travers, badigeonnez-les entièrement de marinade, couvrez-les d'un film alimentaire et laissez-les mariner 30 min.

5 Enfouissez les papillotes dans la cendre et laissez-les jusqu'au moment de servir. Faites cuire les travers durant 15 à 20 min au barbecue, en les retournant toutes les 5 min.

LE CONSEIL DE CVF

Vous pouvez accompagner les patates douces d'un mélange de crème fraîche salée et poivrée, relevée de gingembre frais finement râpé.

INGRÉDIENTS POUR 6 PERSONNES

2 kg de travers de porc | 4 grosses patates douces ou 8 petites | 1 bouquet garni (thym, laurier, persil, sauge) | sel | poivre du moulin | Pour la marinade : 20 cl de sauce soja | 1 citron | 6 cuil. à soupe de miel liquide | 1 cuil. à soupe de paprika | 3 cuil. à soupe d'huile

LE BON ACCORD VIN

Un alsace-pinot gris

Spare ribs et sauce barbecue maison

FACILE ET BON MARCHÉ

Préparation : 15 min | Marinade : 2 h | Cuisson : 35 + 30 min

1 Coupez les travers de porc en 8 morceaux. Dans une assiette creuse, mélangez le miel, un peu de sel, le vinaigre et le paprika. Enduisez-en généreusement les travers et laissez-les reposer au frais au moins 2 h (ou mieux, une nuit).

2 Préparez la sauce : pelez l'oignon et l'ail, hachez-les très fin. Faites-les revenir à l'huile dans une casserole, puis versez le concentré de tomate, le miel, le vin et 2 verres d'eau. Remuez et laissez mijoter 25 min à couvert. Au bout de ce temps, salez, poivrez, ajoutez quelques gouttes de tabasco, selon votre goût, le vinaigre et la Worcestershire sauce. Mélangez et poursuivez la cuisson durant 10 min, en remuant de temps en temps. Retirez du feu et réservez à température ambiante.

3 Égouttez les morceaux de travers et faites-les cuire sur la grille du barbecue 30 min, en les retournant à mi-cuisson et en les badigeonnant de nouveau de marinade. Servez ces « spare ribs » chauds ou à température ambiante, accompagnés de la sauce.

LE CONSEIL DE CVF

Vous pouvez aromatiser la sauce barbecue d'herbes ciselées, basilic et thym citron, par exemple. Dans ce cas, ajoutez-les en fin de cuisson, dans les 10 dernières minutes.

INGRÉDIENTS POUR 8 PERSONNES

2 kg de travers de porc | 3 cuil. à soupe de miel | 2 cuil. à soupe de vinaigre de xérès | 2 cuil. à café de paprika | sel | Pour la sauce : 1 oignon | 1 gousse d'ail | 140 g de concentré de tomate | 3 cuil. à soupe de miel | 1 verre de vin rouge | 1 cuil. à soupe de vinaigre de xérès | 3 cuil. à soupe de Worcestershire sauce | 1 cuil. à soupe d'huile d'olive | tabasco | poivre

LE BON ACCORD VIN

Un corbières rouge (Languedoc)

Brochettes de porc et citrons confits

FACILE ET BON MARCHÉ

Préparation : 30 min | Cuisson : 35 min

1 Préparez le barbecue. Détaillez la viande en cubes de 2 cm. Coupez les citrons confits en quartiers puis chacun en deux. Retirez la couenne du lard fumé et taillez-le en gros dés. Composez 8 brochettes, en alternant un cube de viande, un dé de lard, une tranche de citron et une feuille de laurier.

2 Faites cuire le blé selon les indications portées sur le paquet (comptez 20 min, environ). Dans le même temps, faites cuire les brochettes sur la grille du barbecue.

3 Égouttez le blé et disposez-le dans un plat, posez les brochettes dessus, salez, poivrez et arrosez-les d'un peu d'huile d'olive. Servez aussitôt.

LES CONSEILS DE CVF

Vous pouvez cuire ces brochettes au four préchauffé à th. 6 (180 °C). Dans ce cas, disposez-les dans un plat, arrosez-les d'un filet d'huile et enfournez pour 35 min. Déglacez ensuite la sauce de cuisson en versant 10 cl d'eau très chaude dans le plat de cuisson et en grattant les sucs avec une cuillère en bois. Servez ce jus de cuisson en saucière avec les brochettes.

INGRÉDIENTS POUR 4 PERSONNES

600 g d'échine de porc sans os | 4 citrons confits au sel | 200 g de lard fumé | 16 feuilles de laurier | 250 g de blé précuit (type Ebly) | 1 cuil. à soupe d'huile d'olive | sel | poivre du moulin

LE BON ACCORD VIN

Un bordeaux rosé ou clairet

Brochettes de porc New Orleans

FACILE ET ABORDABLE

Préparation : 15 min | Marinade : 1 h | Cuisson : 10 min

1 Préparez la marinade : pelez le gingembre puis râpez-le. Lavez, séchez et ciselez les feuilles de menthe. Versez le jus d'ananas, le vinaigre de xérès, la sauce soja et le miel dans un saladier. Ajoutez le gingembre, la menthe, le piment et le cinq-parfums, salez et mélangez.

2 Tranchez le filet mignon en rondelles de ½ cm d'épaisseur. Mettez-les dans le saladier, mélangez bien et laissez mariner au frais 1 h au moins. Dans le même temps, faites tremper les brochettes en bois dans de l'eau froide.

3 Retirez l'écorce de l'ananas avec un couteau-scie puis coupez le fruit en deux dans la hauteur. Retirez la partie centrale ligneuse à l'aide d'un couteau pointu. Détaillez ensuite les moitiés d'ananas en demi-rondelles de ½ cm d'épaisseur.

4 Égouttez la viande. Posez une demi-rondelle d'ananas au centre d'une tranche de filet mignon, pliez en deux et enfilez sur une pique en bois. Composez ainsi les brochettes jusqu'à épuisement des ingrédients. Faites-les cuire sur la grille du barbecue, 5 à 6 min de chaque côté. Servez aussitôt. Accompagnez de rondelles d'oignons blancs et de riz à la créole.

INGRÉDIENTS POUR 6 PERSONNES

600 g de filet mignon de porc | 1 petit ananas | Pour la marinade : 1 petit morceau de gingembre frais (30 g) | 20 cl de jus d'ananas | 1 cuil. à café de miel d'acacia | 1 cuil. à soupe de vinaigre de xérès | 2 cuil. à soupe de sauce soja | ½ cuil. à café de cinq-parfums | 1 petit piment oiseau (frais ou sec) | 2 brins de menthe | sel

LE BON ACCORD VIN

Un gewurztraminer (vin blanc d'Alsace)

Brochettes de gigot, couscous aux poivrons

FACILE ET ABORDABLE

Préparation : 20 min | Marinade : 30 min | Cuisson : 20 min

1 Égouttez les citrons confits (réservez l'huile) et coupez-les en quartiers. Pressez les 2 citrons. Effeuillez le thym. Détaillez le gigot en cubes de 2 cm. Mettez-les dans un saladier, versez le jus de citron, l'huile réservée, l'origan et le thym effeuillé. Salez, poivrez et mélangez. Laissez mariner 30 min au frais.

2 Dans le même temps, mettez le couscous dans une jatte, salez, mouillez d'eau bouillante à niveau et couvrez. Lavez et essuyez les poivrons. Ouvrez-les, ôtez leurs graines et les filaments blancs, puis coupez-les en lanières. Faites-les fondre dans une cocotte, avec 3 cuillerées d'huile. Pelez et émincez les oignons.

3 Composez des brochettes en alternant les morceaux de citron et les cubes de gigot marinés. Versez les 3 cuillerées à soupe d'huile restantes sur le couscous, ajoutez les oignons et les poivrons et mélangez bien à la fourchette pour séparer les grains.

4 Posez les brochettes sur la grille du barbecue (ou sur un gril en fonte), et faites-les cuire 5 min environ, en les retournant souvent. Servez-les avec la salade de couscous aux poivrons.

INGRÉDIENTS POUR 4 PERSONNES

1,2 kg de gigot désossé | 4 citrons confits à l'huile | 2 citrons | 10 brins de thym frais | 1 cuil. à soupe d'origan | sel | poivre | Pour accompagner : 3 poivrons rouges | 3 poivrons verts | 1 botte de petits oignons blancs | 600 g de couscous (graine moyenne) | 6 cuil. à soupe d'huile d'olive

LE BON ACCORD VIN

Un costières-de-nîmes rouge (vallée du Rhône)

Keftas d'agneau au romarin

ASSEZ FACILE ET ABORDABLE

Préparation : 15 min | Cuisson : 20 min

1 Lavez, épongez et ciselez les herbes. Pelez l'ail et les oignons, hachez-les finement et mettez-les dans un saladier avec l'agneau haché, l'huile, les épices, les herbes ciselées, du sel et du poivre. Mélangez.

2 Formez avec cette préparation des boules de la taille d'une grosse noix, en les tassant bien. Enfilez-les sur des branchettes de romarin effeuillées (ou, à défaut, sur des brochettes en bois que vous aurez d'abord fait tremper 1 h dans de l'eau froide), et façonnez-les en longueur, en les roulant délicatement avec la paume des mains. Réservez-les au frais.

3 Préparez les aubergines : pelez et écrasez l'ail, mélangez-le à l'huile. Lavez les aubergines, ôtez le pédoncule, coupez-les dans la longueur en rondelles de 1 cm d'épaisseur (éliminez les entames). Badigeonnez-les avec le mélange huile-ail puis faites-les cuire 3 min de chaque côté au barbecue ou 10 min sur un gril.

4 Dans le même temps, faites cuire les brochettes 5 min environ, sur la grille du barbecue (ou 10 min sous le gril du four préchauffé), en les retournant à mi-cuisson. Servez avec les aubergines et des quartiers de citron.

INGRÉDIENTS POUR 6 PERSONNES

500 g d'épaule d'agneau désossée, hachée | 2 oignons frais | 2 gousses d'ail | 10 brins de coriandre | 10 brins de persil plat | ½ cuil. à café de paprika | ½ cuil. à café de cumin en poudre | ½ cuil. à café de gingembre en poudre | 1 cuil. à soupe d'huile d'olive | sel | poivre du moulin | Pour accompagner : 3 aubergines | 2 citrons | 2 gousses d'ail | 3 cuil. à soupe d'huile d'olive

LE BON ACCORD VIN

Un boulaouane (vin du Maroc) ou un côtes-du-rhône-villages, rouges

Keftas de bœuf au cumin et tomates confites

FACILE ET BON MARCHÉ

Préparation : 20 min | Cuisson : 1h35

1 Préchauffez le four à th. 4 (120 °C). Lavez et essuyez les tomates, coupez-les en deux, posez-les sur une plaque à four huilée, face coupée au-dessus. Saupoudrez-les de sel et de sucre, arrosez-les d'un filet d'huile et enfournez pour 1h30 environ, jusqu'à ce qu'elles soient confites.

2 Pendant ce temps, préparez le barbecue. Lavez et ciselez les herbes dans un saladier. Ajoutez la viande hachée en l'émiettant, le jaune d'œuf, le cumin, du sel et du poivre. Travaillez le mélange jusqu'à ce qu'il soit homogène.

3 Façonnez la viande en forme de petites saucisses. Piquez-les dans la longueur sur des brochettes et conservez-les au frais si vous ne les faites pas cuire immédiatement.

4 Badigeonnez les keftas d'huile d'olive et posez-les sur la grille du barbecue pour 2 à 3 min de cuisson, en les faisant rouler délicatement. Servez chaud, accompagné des tomates confites.

INGRÉDIENTS POUR 4 PERSONNES

400 g de steak haché (15 à 20 %MG) | 1 kg de petites tomates bien mûres | 1 jaune d'œuf | 1 cuil. à soupe de cumin en poudre | 8 branches de persil plat | 4 brins de ciboulette | 4 branches de coriandre | 1 cuil. à soupe de sucre | 4 cuil. à soupe d'huile d'olive | sel | poivre du moulin

LE BON ACCORD VIN

Un costières-de-nîmes rouge (vallée du Rhône)

Brochettes de rognons en mixed-grill

FACILE ET BON MARCHÉ

Préparation : 25 min | Cuisson : 10 min

1 Retirez la pellicule qui entoure les rognons. Coupez-les en deux dans l'épaisseur. Éliminez les petits nerfs et déchets qui se trouvent à l'intérieur. Retirez la couenne du lard et détaillez la chair en 8 cubes. Ôtez le pied terreux des champignons. Brossez les chapeaux sous l'eau froide et coupez-les en quartiers.

2 Composez 4 brochettes, en alternant un demi-rognon, un morceau de champignon et un cube de lard fumé. Recommencez une fois et terminez par une chipolata. Déposez les brochettes sur la grille du barbecue pour environ 8 min de cuisson, en les retournant souvent. Salez, poivrez et servez-les avec des pommes de terre en robe des champs et des tomates poêlées.

LES CONSEILS DE CVF

Vous pouvez aussi cuire ces brochettes au four. Dans ce cas, glissez-les sous le gril pour 10 à 12 min de cuisson, en laissant la porte du four entrouverte et en les retournant à mi-cuisson. Vous pouvez aussi choisir des rognons de porc : 2 rognons pour quatre suffiront ; coupez-les en quatre ou en six avant de les enfiler sur les brochettes.

INGRÉDIENTS POUR 4 PERSONNES

4 rognons d'agneau | 4 petites chipolatas | 100 g de lard fumé | 2 gros champignons de Paris | sel | poivre

LE BON ACCORD VIN

Un bourgueil (vin rouge de la vallée de la Loire)

Côte de bœuf aux herbes

FACILE ET ABORDABLE

Préparation : 10 min | Marinade : 30 min | Cuisson : 30 min

1 Préparez le barbecue. Pelez et hachez l'ail. Lavez, séchez puis ciselez finement les herbes pour obtenir au moins 6 cuillerées à soupe. Mettez-les dans un bol avec l'huile d'olive et l'ail. Salez, poivrez, mélangez. Étalez cette pâte sur les deux faces de la côte de bœuf et laissez mariner 30 min.

2 Faites décongeler les légumes grillés. Recoupez-les en deux ou en quatre lamelles et enfilez-les sur des brochettes. Si vous utilisez des piques en bois, faites-les tremper 1h dans de l'eau froide pour qu'elles ne brûlent pas au moment de la cuisson.

3 Posez la côte de bœuf sur la grille du barbecue et faites-la cuire 25 à 30 min, en la retournant toutes les 5 min (sans la piquer) et en réglant la hauteur de la grille en fonction de la braise. Placez les brochettes de légumes à côté et laissez-les cuire 10 min, environ. Servez très chaud.

INGRÉDIENTS POUR 6 PERSONNES

1 côte de bœuf d'environ 1,8 kg | 1 sachet de légumes grillés à l'italienne surgelés (type Picard) | 2 gousses d'ail | 1 bouquet de fines herbes mélangées (cerfeuil, basilic, coriandre, ciboulette) | 8 cuil. à soupe d'huile d'olive | sel | poivre du moulin

LE BON ACCORD VIN

Un coteaux-du-languedoc rouge

Côte de bœuf, sauce à la fourme d'Ambert

FACILE ET ABORDABLE

Préparation : 15 min | Cuisson : 30 min

1 Préparez le barbecue. Huilez la côte de bœuf sur ses deux faces et laissez-la reposer à température ambiante jusqu'au moment de la faire cuire.

2 Dès que les braises sont prêtes, posez la côte de bœuf sur la grille, laissez-la rôtir 7 à 8 min, puis retournez-la, sans la piquer, et comptez le même temps pour rôtir l'autre face. Emballez ensuite la côte dans de l'aluminium et remettez-la sur la grille. Poursuivez la cuisson durant 15 min (pour une viande saignante) en la retournant deux ou trois fois.

3 Pendant ce temps, coupez la fourme d'Ambert en cubes, mettez-les dans une casserole avec la crème et faites fondre sur feu très doux, en remuant de temps en temps. Torréfiez les cerneaux de noix quelques minutes à sec dans une poêle, puis laissez-les refroidir et concassez-en grossièrement la moitié. Lavez, séchez et ciselez le persil. Ajoutez-en la moitié dans la sauce avec les noix concassées, mélangez et réservez au chaud.

4 Sortez la côte de bœuf du feu, laissez-la reposer 5 min avant de la déballer. Tranchez la viande, parsemez-la du reste de persil, de noix, de baies roses concassées et de poivre fraîchement moulu. Servez aussitôt avec la sauce. Accompagnez d'une salade de graines germées et de pommes de terre en papillotes.

INGRÉDIENTS POUR 4 PERSONNES

1 côte de bœuf d'environ 1,4 kg | 200 g de fourme d'Ambert | 100 g de cerneaux de noix | 4 cuil. à soupe d'huile | 10 cl de crème liquide | 8 branches de persil plat | 1 cuil. à soupe de baies roses | poivre du moulin

LE BON ACCORD VIN

Un bandol rouge (Provence)

Salade grecque à la pastèque et brochettes de melon

TRÈS FACILE ET BON MARCHÉ

Préparation : 30 min | Marinade : 30 min

1 Coupez la pastèque en larges tranches. Pelez-les, retirez les pépins puis détaillez la chair en gros dés. Pelez et émincez les oignons. Coupez la feta en dés. Réunissez tous ces éléments dans un saladier, ajoutez les olives et l'huile. Salez, poivrez, mélangez et placez au réfrigérateur jusqu'au moment de servir. Décorez de feuilles de basilic ciselées à la dernière minute.

2 Formez des billes de melon ou décongelez-les. Mettez-les dans un saladier, ajoutez le pineau et les feuilles de basilic. Poivrez et laissez mariner 30 min au frais.

3 Coupez les tranches de parme en deux. Enfilez sur de petites piques en bois des billes de melon égouttées, en alternant avec le jambon replié en accordéon. Servez bien frais.

INGRÉDIENTS POUR 6 PERSONNES

Pour la salade : ½ pastèque bien froide | 2 oignons rouges | 200 g de feta | 100 g d'olives noires | 3 cuil. à soupe d'huile d'olive | 3 brins de basilic | sel | poivre du moulin | Pour les brochettes de melon : 250 g de billes de melon (fraîches ou surgelées) | 6 très fines tranches de jambon de Parme | 25 cl de pineau-des-charentes | 3 brins de basilic | poivre du moulin

LE BON ACCORD VIN

Un coteaux-varois rosé (Provence)

Assortiment de légumes grillés

FACILE ET BON MARCHÉ

Préparation : 15 min | Repos : 1 h | Cuisson : 25 min

1 Lavez les aubergines et les courgettes et, sans les peler, coupez-les dans la longueur en tranches d'environ 1 cm d'épaisseur. Étalez-les dans un plat, saupoudrez-les généreusement de sel et laissez-les dégorger durant 1 h.

2 Égouttez les légumes, épongez-les puis faites-les griller au barbecue, 3 min de chaque côté pour les aubergines, 2 min pour les courgettes, en les badigeonnant régulièrement d'huile. Salez-les, poivrez-les et parsemez-les de thym.

3 Détachez les gousses d'ail. Retirez une épaisseur de peau des échalotes. Brossez les pommes de terre. Faites pocher le tout 5 min dans de l'eau bouillante salée. Mettez des piques en bois ou des branchettes de romarin effeuillées à tremper dans de l'eau pour éviter qu'elles ne s'enflamment lors de la cuisson.

4 Composez des brochettes avec les grenailles, les gousses d'ail, les échalotes, les oignons et faites-les cuire au barbecue, 5 min de chaque côté. Salez, poivrez et servez aussitôt avec les aubergines et les courgettes grillées.

INGRÉDIENTS POUR 6 PERSONNES

18 pommes de terre grenailles | 2 aubergines | 3 courgettes | 18 échalotes grises | 2 têtes d'ail nouveau | 18 petits oignons nouveaux | 24 branches de romarin | 1 petit bouquet de thym | huile d'olive | gros sel | sel | poivre

LE BON ACCORD VIN

Un faugères rosé (Languedoc)

Salade fraîche de fenouil aux noisettes

FACILE ET BON MARCHÉ

Préparation : 20 min

1 Lavez et essuyez les fenouils, ôtez les premières enveloppes, puis coupez les bulbes en très fines lamelles (conservez un peu de plumet vert pour le décor). Mettez-les dans un plat creux.

2 Versez dans un bol le vinaigre, le miel, les deux huiles, salez et poivrez. Émulsionnez puis versez cette sauce sur les fenouils et mélangez bien. Placez au frais jusqu'au moment de servir.

3 Rincez et épongez les grains de raisin. Concassez grossièrement les noisettes, coupez la demi-buche de chèvre en cubes. Au dernier moment, ajoutez le chèvre, les noisettes et les raisins dans le saladier, mélangez, puis décorez avec le plumet du fenouil réservé et servez.

INGRÉDIENTS POUR 4 PERSONNES

2 bulbes de fenouil | 1 petite grappe de raisin blanc ou rouge | 75 g de noisettes mondées, salées | ½ bûche de chèvre | Pour la sauce : 1 cuil. à soupe de vinaigre balsamique | 1 cuil. à café de miel liquide | 2 cuil. à soupe d'huile de noisette | 2 cuil. à soupe d'huile neutre | sel | poivre

LE BON ACCORD VIN

Un cheverny blanc (vallée de la Loire)

Salade méli-mélo

FACILE ET BON MARCHÉ

Préparation : 10 min | Cuisson : 10 min

1 Pressez le demi-citron. Retirez les queues des artichauts, enlevez les premières feuilles et coupez les pointes. Fendez les artichauts en deux et émincez-les. Arrosez-les de jus de citron.

2 Lavez les salades, essorez-les. Portez à ébullition 1 l d'eau salée. Jetez-y les fèves et faites-les cuire durant 4 min. Égouttez-les puis dérobez-les (retirez la peau qui les recouvre).

3 Pelez les oignons blancs et émincez-les finement. Mettez-les dans un saladier, ajoutez les fèves, les artichauts et les salades. Versez l'huile d'olive et l'huile de noisette, le vin blanc, salez, poivrez et mélangez délicatement. Réservez au frais jusqu'au moment de servir.

4 Au dernier moment, débitez le morceau de parmesan en copeaux, parsemez-en la salade et servez.

INGRÉDIENTS POUR 6 PERSONNES

2 grosses poignées de salades mélangées (épinards, roquette et jeunes pousses) | 250 g de fèves écossées | 2 oignons blancs | 6 artichauts poivrade | ½ citron | 1 morceau de parmesan de 40 g | 4 cuil. à soupe d'huile d'olive | 2 cuil. à soupe d'huile de noisette | 4 cuil. à soupe de vin blanc sec | sel | poivre du moulin

LE BON ACCORD VIN

Un anjou blanc sec (vallée de la Loire)

Légumes grillés et roquette en salade

FACILE ET ABORDABLE

Préparation : 20 min | Cuisson : 40 min

1 Faites griller les poivrons sous le gril du four, en les retournant régulièrement jusqu'à ce qu'ils soient uniformément bruns. Sortez-les et laissez-les refroidir dans une boîte hermétique (ou un sac en plastique) afin que la peau soit facile à retirer.

2 Pendant ce temps, lavez les courgettes et les aubergines, essuyez-les, retirez les extrémités puis coupez-les en lamelles de 2 mm environ. Prélevez 1 cuillerée à soupe d'huile d'olive puis répartissez le reste à parts égales dans deux grandes poêles et faites-y revenir les légumes à feu vif d'abord, à feu moyen ensuite, durant 10 min. Retournez-les à mi-cuisson puis égouttez-les sur du papier absorbant pour retirer l'excédent d'huile.

3 Pelez les poivrons refroidis, éliminez les pépins et le pédoncule, coupez la chair en lanières, épongez-les. Faites griller les pignons à sec quelques minutes dans une poêle antiadhésive puis laissez-les refroidir sur du papier absorbant. Lavez et essorez la roquette. Détaillez le parmesan en copeaux.

4 Mélangez les légumes dans un grand saladier, ajoutez la roquette, les copeaux de parmesan, le jambon effiloché et les pignons. Arrosez l'ensemble d'un filet d'huile, du vinaigre de xérès, salez, poivrez et ajoutez une pointe de piment d'Espelette, selon votre goût. Remuez délicatement et placez au frais. Servez froid, mais pas glacé.

INGRÉDIENTS POUR 6 PERSONNES

4 poivrons (vert, rouge, jaune) | 4 courgettes | 2 aubergines | 150 g de roquette | 6 tranches de jambon de Parme | 100 g de parmesan | 1 cuil. à soupe de vinaigre de xérès | 4 cuil. à soupe de pignons | ½ cuil. à café de piment d'Espelette | 20 cl d'huile d'olive | sel | poivre du moulin

LE BON ACCORD VIN

Un chenin d'Afrique du Sud (vin blanc)

Salade de carottes à la marocaine

TRÈS FACILE ET BON MARCHÉ

Préparation : 15 min | Cuisson : 30 min

1 Mettez à chauffer un demi-litre d'eau. Pressez le citron et réservez son jus. Grattez et lavez les carottes. Coupez-les en rondelles. Pelez les gousses d'ail, coupez-les en lamelles.

2 Faites chauffer l'huile dans une sauteuse et mettez-y les lamelles d'ail à revenir tout doucement. Dès qu'elles commencent à dorer, versez l'eau chaude, introduisez la tablette de bouillon émiettée, le jus de citron et portez à ébullition. Remuez jusqu'à ce que la tablette de bouillon soit complètement dissoute.

3 Ajoutez alors les carottes, assaisonnez de sel, de poivre et de cumin. Laissez cuire à petits frémissements et à découvert durant 20 à 25 min, jusqu'à ce que les carottes soient tendres. À la fin de la cuisson, le jus doit être réduit et sirupeux. Sinon, faites-le de nouveau réduire à feu vif, quelques minutes. Servez froid.

LE CONSEIL DE CVF

N'hésitez pas à préparer cette salade à l'avance pour laisser aux carottes le temps de macérer dans leur jus et de s'imprégner de parfums subtils.

INGRÉDIENTS POUR 4 PERSONNES

4 carottes | 2 gousses d'ail | 1 citron | 3 cuil. à soupe d'huile d'olive | 2 cuil. à café rases de cumin en poudre | 1 tablette de bouillon de volaille | sel | poivre du moulin

LE BON ACCORD VIN

Un sancerre blanc (vallée de la Loire)

Artichauts à la barigoule

ASSEZ FACILE ET BON MARCHÉ

Préparation : 25 min | Cuisson : 1 h 10

1 Préparez les artichauts : retirez les feuilles dures de la base et coupez, avec des ciseaux ou un bon couteau, le tiers des feuilles pointues. Coupez les cœurs obtenus en deux et citronnez-les pour éviter qu'ils ne noircissent.

2 Pelez les oignons et la carotte. Émincez-les. Lavez et essuyez les tomates, coupez-les en deux, retirez les pépins et détaillez la chair en petits morceaux. Découpez le lard fumé en dés.

3 Versez l'huile d'olive dans une sauteuse, ajoutez la carotte et les oignons émincés, puis les dés de lard. Disposez par-dessus les artichauts, en les serrant les uns contre les autres. Assaisonnez de sel et de poivre. Ajoutez les dés de tomates. Laissez sur feu doux pendant 5 min. Arrosez ensuite avec le vin blanc et autant d'eau, couvrez et laissez mijoter doucement au moins 1 h. Servez chaud ou froid, parsemé de persil ciselé.

LE CONSEIL DE CVF

Pour cette recette, il vous faut utiliser impérativement des petits artichauts de printemps dont le foin n'est pas encore formé.

INGRÉDIENTS POUR 4 PERSONNES

8 jeunes artichauts violets | 2 oignons | 1 carotte | 2 tomates | 100 g de lard fumé | le jus de 1 citron | 10 cl de vin blanc sec | 2 cuil. à soupe d'huile d'olive | 10 brins de persil | sel | poivre

LE BON ACCORD VIN

Un côtes-de-provence rosé

Caviar d'aubergine

FACILE ET BON MARCHÉ

Préparation : 30 min | Cuisson : 30 min | Repos : 30 min | Réfrigération : 2 h

1 Préchauffez le four à th. 8 (240 °C). Piquez les aubergines avec une fourchette puis posez-les sur la grille du four (placez la lèchefrite dessous car un peu de liquide va s'écouler des aubergines). Enfournez-les pour environ 30 min, jusqu'à ce qu'elles soient devenues très tendres.

2 Sortez les aubergines du four, laissez-les un peu tiédir puis coupez-les en deux dans la longueur. Récupérez leur chair et passez-la au moulin à légumes pour obtenir une purée. Laissez-la s'égoutter 30 min dans une passoire fine avant de la verser dans une jatte.

3 Écrasez les gousses d'ail pelées au-dessus de la jatte. Ajoutez le jus de citron et l'huile, salez et poivrez. Travaillez la préparation avec une spatule pour la rendre homogène. Rectifiez l'assaisonnement, si nécessaire. Couvrez et gardez au frais au moins 2 h avant de déguster.

INGRÉDIENTS POUR 6 PERSONNES

6 petites aubergines | 3 gousses d'ail | 6 cuil. à soupe d'huile d'olive | 3 cuil. à soupe de jus de citron | sel | poivre

LE BON ACCORD VIN

Un rosé-de-provence

Tapenade d'olives vertes

FACILE ET BON MARCHÉ

Préparation : 25 min

1 Pelez les gousses d'ail et, si nécessaire, retirez le germe. Dénoyautez les olives. Égouttez les anchois, coupez-les en morceaux. Mettez-les dans le bol d'un mixeur avec les olives, les câpres et l'ail. Mixez pour obtenir un hachis fin. Ensuite, ajoutez l'huile d'olive en filet et mixez de nouveau, jusqu'à ce que la préparation prenne la consistance d'une purée.

2 Poivrez, remuez et placez au frais jusqu'au moment de servir. Présentez la tapenade dans une coupelle, avec des tranches de pain de campagne grillé.

LES CONSEILS DE CVF

La qualité de la tapenade dépend évidemment de celle des olives employées, les meilleures étant les picholines, longues, à la chair fine et savoureuse. Pour un parfum plus exotique, vous pouvez ajouter à la tapenade ½ citron confit au sel, coupé en tout petits dés. Vous pouvez, de la même façon, faire une tapenade en utilisant des olives noires. Vous pouvez aussi utiliser la tapenade pour une sauce accompagnant des spaghettis, farcir des petites tomates…

INGRÉDIENTS POUR 4 PERSONNES

400 g d'olives vertes | 2 cuil. à soupe de câpres | 2 filets d'anchois à l'huile | 2 gousses d'ail | 6 cuil. à soupe d'huile d'olive | poivre | Pour accompagner : tranches de pain de campagne grillé

LE BON ACCORD VIN

Un fino (de la famille des xérès, Espagne)

Rouleaux de courgettes et de poivrons confits

FACILE ET BON MARCHÉ

Préparation : 15 min | Cuisson : 2 min

1 Lavez le basilic, séchez-le. Émincez les feuilles. Versez l'huile d'olive dans une tasse, ajoutez le basilic, remuez et réservez.

2 Nettoyez les courgettes, épongez-les. Coupez leurs extrémités. Avec un couteau économe, taillez-les en fines lamelles puis coupez-les en deux dans la longueur. Égouttez les poivrons, coupez-les en bandes de la taille de celle des courgettes.

3 Façonnez des rouleaux en faisant alterner des lamelles de courgettes et des bandes de poivrons. Tout en laissant les rouleaux à plat, transpercez-les avec une pique en bois.

4 Faites chauffer au maximum une plancha et saisissez-y les rouleaux de légumes, 1 min de chaque côté. Au moment de servir, arrosez-les d'huile parfumée au basilic et assaisonnez de sel et de poivre. Dégustez tiède ou froid.

INGRÉDIENTS POUR 6 PERSONNES

3 courgettes | 2 boîtes de poivrons confits ou piquillos (en supermarché) | 2 cuil. à soupe d'huile d'olive | 4 brins de basilic | fleur de sel | poivre

LE BON ACCORD VIN

Un bordeaux-clairet (vin rosé)

Salade de melon et pastèque

FACILE ET BON MARCHÉ

Préparation : 15 min | Cuisson : 5 min | Repos : 30 min

LE BON ACCORD VIN

Un côtes-de-provence rosé

INGRÉDIENTS POUR 4 PERSONNES

4 petits melons | ½ pastèque | 1 gousse de vanille | 1 pincée de cannelle | 1 pincée de poivre noir | 1 clou de girofle | 3 cuil. à soupe de sucre brun

1 Découpez le chapeau des melons en formant une jolie dentelure. Tranchez la demi-pastèque en 2. Retirez la partie où se trouvent les graines. Mettez cette partie, ainsi que les pépins des melons, dans une grande casserole avec 4 cuillerées à soupe d'eau.

2 Fendez la gousse de vanille en deux et, avec la pointe d'un couteau, grattez les petits grains noirs. Mettez-les, avec la gousse, dans la casserole avec melon et pastèque. Ajoutez cannelle, poivre moulu, clou de girofle et sucre. Faites chauffer à feu doux 5 min en remuant.

3 Éteignez. Couvrez et laissez infuser. Préparez la pastèque. Avec une cuillère parisienne, formez une quarantaine de billes de chair.

4 Recueillez le jus parfumé aux épices : filtrez la préparation à travers une passoire fine, en pressant avec le dos d'une louche. Remplissez les melons avec les billes de pastèque. Réservez-les ½ h au frais ainsi que la préparation que vous verserez dans les melons au moment de servir. Donnez un tour de moulin à poivre.

Brochettes d'abricots

FACILE ET BON MARCHÉ

Préparation : 20 min | Cuisson : 15 min

LE BON ACCORD VIN

Un jurançon (Sud-Ouest)

INGRÉDIENTS POUR 4 PERSONNES

12 abricots | ½ verre de rhum (10 cl) | 8 branches de romarin frais | 6 cuil. à soupe de sucre de canne | 2 gousses de vanille | 125 g d'amandes effilées (pour décorer)

1 Lavez et séchez des abricots fermes. Vous pouvez aussi réaliser cette recette avec des fruits de saison : brugnons, quetsches, pêches. Et hors saison, vous pouvez utiliser des fruits au sirop.

2 Découpez les fruits en deux, dénoyautez-les. Lavez, puis séchez le romarin. Retirez les feuilles à la base de chacune des branches.

3 Pour embrocher les fruits, taillez en biseau la base dénudée des branches. Fendez la gousse de vanille en deux dans la longueur. Retirez ses graines et mélangez-les au sucre.

4 Enfilez les abricots sur les branches de romarin. Disposez-les sur une plaque de pâtisserie. Arrosez de rhum, saupoudrez de sucre. Faites caraméliser sous le gril du four. Hors du four, décorez d'amandes effilées.

5 On peut remplacer le romarin par de la verveine ou de la citronnelle... Accompagnez les brochettes de sablés, de macarons ou d'une glace à la vanille. À la place du rhum, on peut utiliser du cognac, un vin doux (banyuls ou muscat) ou de l'amaretto.

10 sauces de salade

SAUCE GRIBICHE

Écalez 2 œufs durs, prélevez les jaunes, coupez les blancs en petits dés. Dans un grand bol, écrasez les jaunes, salez, poivrez, ajoutez ½ cuillerée à café de moutarde forte. Versez de l'huile d'olive ou de colza en battant sans cesse comme pour monter une mayonnaise. Lorsque la sauce est bien lisse, ajoutez 2 cuillerées à soupe de vinaigre, 1 cuillerée à soupe de cornichons hachés, 1 cuillerée à soupe de cerfeuil et d'estragon hachés et 1 cuillerée à soupe de persil haché ainsi que 1 cuillerée à café de câpres. Terminez par les dés de blancs d'œufs.

CHERMOULA

Ébouillantez, pelez et épépinez 4 tomates, coupez la chair en petits dés. Pelez et émincez finement 4 oignons frais, ciselez les feuilles de 1 bouquet de coriandre et émincez 1 piment oiseau. Mélangez ces ingrédients dans un grand bol avec 5 cuillerées à soupe d'huile d'olive et du sel. Servez avec des poissons ou de l'agneau, grillés.

SAUCE RAVIGOTE

Mélangez vigoureusement dans un grand bol 2 cuillerées à soupe de vinaigre de vin, 8 cuillerées à soupe d'huile, 2 échalotes hachées, 2 ou 3 cuillerées à soupe d'herbes fraîches ciselées (ciboulette, persil…) et 1 cuillerée à soupe de câpres. Salez, poivrez. Pour varier les goûts, ajoutez 1 cuillerée à café d'un citron confit coupé en tout petits cubes ou une pincée de cumin.

VINAIGRETTE À LA CITRONNELLE

Ôtez les premières peaux de 1 tige de citronnelle et coupez le cœur en fines lamelles. Pelez et émincez finement 1 gousse d'ail. Émincez 1 piment oiseau. Mettez tous ces ingrédients dans un bol avec 4 cuillerées à soupe d'huile d'olive, 1 cuillerée à café d'huile de sésame et 1 cuillerée à soupe de sauce soja. Servez avec des travers de porc ou un coquelet grillé.

SAUCE BÉARNAISE

Faites réduire dans une petite casserole : 5 cl de vin blanc sec, 5 cl de vinaigre de vin blanc, 1 cuillerée à soupe d'échalotes hachées, 2 cuillerées à soupe d'estragon, et de cerfeuil, 1 brin de thym, 1 feuille de laurier, salez, poivrez. Quand il en reste le tiers, laissez tiédir. Transférez dans un bain-marie. Battez 2 jaunes d'œufs et 1 cuillerée à soupe d'eau. Versez dans la sauce en fouettant. Quand les jaunes ont épaissi, ajoutez 125 g de beurre en petits morceaux, en fouettant sans arrêt et en ajoutant de temps à autre quelques gouttes d'eau ou de citron. Quand la sauce acquiert une consistance crémeuse, ajoutez 2 cuillerées à soupe de cerfeuil et d'estragon hachés.

VINAIGRETTE AUX NOIX

Faites dissoudre une pincée de sel dans 1 cuillerée à soupe de vinaigre de vin vieux. Émulsionnez avec 1 cuillerée à soupe d'huile de noix et 2 cuillerées à soupe d'huile d'arachide, poivrez, ajoutez 1 cuillerée à soupe rase de poudre d'amandes et 6 cerneaux de noix concassés. Laissez macérer quelques minutes et tournez à nouveau avant de servir.

SAUCE CACAHUÈTE

Faites chauffer 20 cl de lait de coco dans une casserole. Ajoutez 1 cuillerée à soupe de pâte de curry mild. Concassez 100 g de cacahuètes salées au mixeur. Ajoutez-les dans la sauce au dernier moment.

PESTO AUX AMANDES ET À LA CORIANDRE

Lavez, séchez et effeuillez 1 bouquet de coriandre. Pelez et dégermez 2 gousses d'ail. Dans un mortier, écrasez au pilon les gousses avec la coriandre, 50 g d'amandes hachées grossièrement et 1 cuillerée à café de gros sel jusqu'à obtenir une crème. Versez 15 cl d'huile d'olive en filet, sans cesser de tourner la pâte avec le pilon pour «monter» le pesto. Ajoutez 40 g de parmesan râpé. Vous pouvez également passer tous les ingrédients au mini-hachoir.

PESTO AUX PIGNONS ET AU BASILIC

Lavez, séchez et effeuillez 1 bouquet de basilic. Pelez et dégermez 2 gousses d'ail. Dans un mortier, écrasez au pilon les gousses avec le basilic, 50 g de pignons hachés grossièrement et 1 cuillerée à café de gros sel jusqu'à obtenir une crème. Versez 15 cl d'huile d'olive en filet, sans cesser de tourner la pâte avec le pilon pour «monter» le pesto. Ajoutez 40 g de parmesan râpé. Vous pouvez également passer tous les ingrédients au mini-hachoir.

SAUCE ROQUEFORT

Concassez 12 cerneaux de noix. Dans un bol, écrasez 150 g de roquefort à la fourchette. Incorporez 30 cl de crème fraîche épaisse, 2 cuillerées à soupe de porto et les noix. Poivrez. Faites réchauffer la sauce quelques minutes dans une petite casserole sur feu doux juste avant de servir.

Index

Crédits

PHOTOGRAPHIES

Christian Adam (p. 5) | Jacques Caillaut (p. 41) | Christine Fleurent (p. 11, 19, 21, 37, 47) | Vincent Leroux (p. 59) | Alain Muriot (p. 33, 45) | Jean-François Rivière (couv., p. 5, 27, 31, 49) | Laurent Rouvrais (p. 7, 13, 15, 17, 23, 25, 29, 35, 39, 43, 51, 53, 55, 60, 61) | Bernard Winkelmann (p. 57).

REMERCIEMENTS

Adeline Brousse | Michèle Carles | Marie Leteuré | Pascale Mosnier | Torrontegui et Gault | Karine Valentin pour ses accords vins.

Collection CUISINE ET VINS DE FRANCE
Un magazine publié par Marie Claire Album
Directrice de la rédaction : Irène Karsenty
Direction artistique : Francis Seguin
Assistante de la rédaction : Pauline Arnold

Direction d'édition : Thierry Lamarre
Édition : Adeline Lobut
Assistante d'édition : Marie Lecocq
Réalisation : Catherine Gerbod
Correction-révision : Isabelle Misery
Recherche iconographique : Sylvie Creusy
Conception graphique et mise en pages : Either Studio
Conception couverture : Either Studio

Éditions Marie Claire
Publiées par Société d'Information et de Créations - SIC
Une société de Marie Claire Album
10, bd des Frères-Voisin 92792 Issy-Les-Moulineaux
CEDEX 9 - France
Tél. 01 41 46 88 88
RCS Nanterre 302 114 509
SARL au capital de 3 822 000 euros

ISBN : 978-2-84831-400-6
N° Éditeur : 38369
Imprimé par G. Canale & C., Bucarest (Roumanie)
Dépôt légal : mai 2012

www.editionsmarieclaire.com